Contenido

Pregunta esencial	2
Lectura corta 1 Alexander Graham Bell: "¡Esto habla!"	4
Lectura corta 2 Del teléfono a FaceTime	6
Lectura de estudio de palabras 1 El cable más largo	10
Desarrolla, piensa, escribe	11
Lectura larga 1 Thomas Edison: "¡Esto canta!"	12
Lectura de estudio de palabras 2 George Eastman y la cámara Kodak	20
Desarrolla, piensa, escribe	21
Lectura larga 2 Del fonógrafo a la lista de música	22
Lectura de estudio de palabras 3 De las instantáneas a las autofotos	30
Desarrolla, piensa, escribe	31
Desarrollo del idioma español	32
Apoyo para la conversación colaborativa	36
Qué significa cada palabra	Interior de contraportada

Adelantos en la tecnología

pregunta esencial

¿Cuál es el valor de innovar?

Alexander Graham Bell: "¡Esto habla!"

Kathy Furgang

1   Los teléfonos han conectado a las personas entre sí desde finales del siglo XIX. Alexander Graham Bell inventó esta importante herramienta de comunicación. Nacido en Escocia en 1847, de madre sorda, Bell quería saberlo todo sobre el sonido. Aprendió que se desplaza como vibraciones, u ondas de sonido. Su propósito era encontrar nuevas formas de comunicación entre las personas.

Alexander Graham Bell

2   Siendo adulto, Bell enseñó en varias escuelas para sordos en Boston. Su esposa también era sorda. Al tiempo, siguió estudiando el funcionamiento del sonido y la voz humana.

3   Bell soñaba con el día en que se llegara a "hablar con electricidad". En esa época, la gente solo podía enviar telegramas, o mensajes codificados de sonidos intermitentes por cables. Luego, esos mensajes se escribían y se entregaban a mano.

4   Bell comenzó a experimentar con cables eléctricos. Quería que la voz viajara largas distancias entre una persona y otra. Después de muchos ensayos, finalmente lo logró. El 10 de marzo de 1876, llamó a su asistente al cuarto de al lado. "Sr. Watson, venga aquí. Quiero verlo" fueron las palabras de la primera llamada telefónica. Bell había logrado su objetivo.

5   Bell llevó su teléfono a la Feria Mundial de 1876 en Philadelphia, Pennsylvania. Se la llamó "máquina eléctrica que habla". La gente estaba asombrada con el trabajo de Bell. El emperador Pedro II de Brasil asistió a la feria y, al oír el sonido por la línea telefónica, soltó el teléfono. "¡Esto habla!", exclamó. El invento de Bell fue revolucionario.

6   En 1877, fundó la Bell Telephone Company. Tres años después, había más de 130,000 teléfonos en los hogares estadounidenses. El invento de Bell cimentó la comunicación actual.

Bell obtuvo una patente para proteger su invento.

Lectura corta 2

Recuerda hacer tus anotaciones mientras lees.

Del teléfono a FaceTime

Caleb Adams

1 "Algún día, la persona al teléfono podrá ver a la persona con la que habla". Alexander Graham Bell pronunció estas palabras en el siglo XIX. ¡El inventor del teléfono sabía lo que decía! Gracias a la tecnología, la gente puede hoy hablar cara a cara con alguien que está a miles de millas de distancia.

2 Cuando se inventó el teléfono, muchos no entendían cómo funcionaban las máquinas eléctricas. Por eso algunos las temían. Se difundieron rumores diciendo que las llamadas no eran privadas y que los teléfonos podían volver sordas a las personas. Otros no les veían la utilidad. El presidente Rutherford B. Hayes, decimonoveno presidente de Estados Unidos, ensayó el teléfono en 1876. Un año más tarde, le instalaron uno en la Casa Blanca. Sin embargo, esto fue lo que dijo acerca del aparato: "Es un invento asombroso, pero ¿quién querría usarlo?".

Se afianza una idea

3   ¡Ring! Al comienzo, al mundo le pareció extraño el teléfono. La gente no sabía, siquiera, qué decir cuando respondían una llamada. Alexander Graham Bell pensó en la palabra "ahoy", un llamado usado por los navegantes. Pero el inventor Thomas Alva Edison tuvo otra idea. Esperaba que la palabra "hello" ("aló") se afianzara como el mejor saludo telefónico y lo sugirió en sus manuales de operación para el teléfono. Hacia 1880, la gente saludaba al teléfono de esta manera.

4   Una vez la gente vio la utilidad de los teléfonos, la demanda se multiplicó. Hacia 1900, la compañía de Bell tenía casi 600,000 teléfonos en uso. Este número creció a seis millones en 1910.

5   Cuando se instalaron los primeros teléfonos en las casas, era necesario llamar al operador para hacer cada llamada. En la década de 1920, ya se podían marcar los números sin ayuda del operador.

Operadoras del tablero de conmutadores, alrededor de 1915.

6   El teléfono se hizo parte del día a día de todos. En 1963, los pulsadores reemplazaron los discos rotatorios en los teléfonos. La gente no quería abandonar sus antiguos teléfonos. Por lo tanto, Bell Telephone hizo un video en el que mostraba cómo los botones eran más fáciles de usar. Al no rotar el dial, también se ahorraba tiempo.

Tecnología sorprendente

7   Durante casi un siglo, las señales telefónicas se transmitieron solo por cables que atravesaban las paredes de los edificios. Los teléfonos cableados se llamaban "fijos". Pero en 1973 el mundo comenzó a cambiar de una manera diferente: apareció el primer teléfono celular. ¡La gente podía llevar su teléfono a la calle! La tecnología de los celulares era distinta de la de los teléfonos que había en las casas. Las señales iban por el aire y no por cables. Las señales iban de grandes torres hacia los teléfonos. Sin embargo, estos celulares eran grandes y costaban mucho dinero. Pocas personas podían tenerlos.

La historia del teléfono

1876
Alexander Graham Bell inventa el teléfono.

1900
Se pueden hacer llamadas entre grandes ciudades de EE.UU.

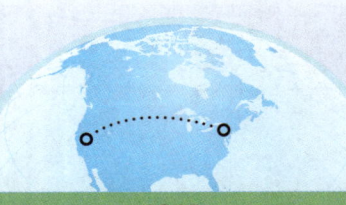

1915
La primera llamada telefónica cruza el país, desde Nueva York hasta California. Se requieren 2,500 toneladas de alambre de cobre y 130,000 postes telefónicos.

La gente comienza a hacer llamadas persona a persona sin mediar un operador.

1919

El presidente Hoover instala un teléfono en su despacho.

1929

8   En el año 2000 los celulares se hicieron tan pequeños como para caber en un bolsillo. Cuando esto se logró, se popularizaron. También muchos se volvieron "más inteligentes". Estos teléfonos inteligentes pueden hacer muchas más cosas aparte de llamadas. Funcionan como computadores. En 2003, presentaron un programa de computador llamado Skype que permitía hacer videollamadas por Internet. Ahora se pueden hacer videollamadas desde un teléfono inteligente que cabe en el bolsillo. La gente envía fotos y mensajes. Se puede navegar por Internet. Son más sencillos de usar. Según Digital Trends, un sitio web de información tecnológica, en 2014 ya había más celulares que personas.

9   ¡Hemos recorrido un largo camino desde el primer teléfono de Alexander Graham Bell!

1963	1968	1973	2000	2003	2010	2014
Por vez primera, se pueden marcar números pulsando botones en lugar de usar un dial de disco rotatorio.	El 911 es el número telefónico de emergencias para todo el país.	Se hace la primera llamada con un teléfono celular portátil en Nueva York.	Los teléfonos celulares son ahora del tamaño de un mazo de cartas. Para entonces, ya hay 100 millones de usuarios de celulares en Estados Unidos.	Los suecos Niklas Zennstrom y Janus Friis hacen el programa de computador Skype.	Se lanza el software para videollamadas FaceTime en el iPhone de Apple, una marca de celulares.	Hay más celulares que personas en el planeta.

Lectura de estudio de palabras 1

Recuerda hacer tus anotaciones mientras lees.

Notas

Texto informativo: Estudios sociales

El cable más largo

1   Antes de la invención del teléfono (1877), el telégrafo (1844) permitía a la gente comunicarse a través de grandes distancias. Los cables transmitían señales por tierra, a lo largo de las líneas estatales. Sin embargo, la comunicación a través del océano Atlántico era otra cosa. Las cartas demoraban semanas para cruzar el mar. Cyrus Field se imaginaba el momento en que un mensaje desde América del Norte tardara un solo día para llegar a Europa. ¿Se podría tender un cable por todo el océano Atlántico?

2   Aunque muchos pensaban que sería imposible, Field estaba seguro de lo contrario. Los inventores construyeron un cable fuerte, capaz de transportar las señales. Científicos marinos trazaron una ruta que atravesaba el lecho oceánico. Los ingenieros construyeron máquinas transportadas por barcos de vapor para depositar millas de pesados cables.

3   En 1857, dos barcos zarparon para tender el cable, pero este se reventó a 200 millas de la costa. Field hizo otro intento en junio de 1858. Esta vez, una gran tormenta casi hunde uno de los barcos y, además, el cable se volvió a romper. Ese mismo verano, tuvo éxito en su nuevo intento y él mismo remó hasta la costa para conectar el tramo final. ¡América y Europa se habían unido! La gente lo celebró con fiestas y fuegos artificiales.

4   Doce años le tomó a Field ver su sueño hecho realidad. Cuando por fin lo logró, la gente pudo compartir noticias de uno al otro lado del océano casi de forma instantánea.

DesarrollaPiensaEscribe

Ampliar los conocimientos

Identifica los patrones en la vida de Alexander Graham Bell que influyeron para que inventara el teléfono. Luego muestra cómo esos patrones afectaron su trabajo. Cita evidencias de ambos textos.

Alexander Graham Bell	
Patrón 1	**Impacto**
Patrón 2	**Impacto**

Piensa

¿Cuál es el valor de innovar?

Con base en los textos de esta semana, anota otras ideas y preguntas que tengas sobre la pregunta esencial.

_____
_____
_____
_____
_____
_____

Escribir basándote en las fuentes

Narrativa

Imagínate que eres Alexander Graham Bell. Escribe dos párrafos en los que describes tus encuentros con el emperador Pedro II y el Presidente Hayes. Asegúrate de que tu relato incluya hechos y detalles de "Alexander Graham Bell: ¡Esto habla!" y "Del teléfono a FaceTime".

Lectura larga 1

Recuerda hacer tus anotaciones mientras lees.

Thomas Edison: "¡Esto canta!"

Elizabeth Michaels

"El genio es uno por ciento de inspiración y noventa y nueve por ciento de transpiración".

—Thomas Edison

1   El inventor estadounidense Thomas Alva Edison nació el 11 de febrero de 1847, en Milan, Ohio. Era el menor y el séptimo de los hijos. De niño lo llamaban "Al" por su segundo nombre. Edison casi no habló antes de los 4 años de edad. Luego, no paraba de preguntar cómo funcionaban las cosas. Una de sus preguntas más frecuentes era: "¿Por qué?". Sus padres siempre trataban de responderle, pero a veces no tenían la respuesta. Su curiosidad le ayudó a convertirse en un inventor. Le encantaba resolver problemas.

Edison nació en esta casa de Ohio en 1847.

Una mente curiosa

2   A los 7 años, Edison asistía a una escuela de una sola aula con niños de todas las edades. El maestro pensó que algo malo sucedía con Edison porque lo cuestionaba todo. También le iba muy mal en matemáticas y tuvo problemas para hablar. A los

Edison siempre sintió mucha curiosidad respecto al mundo.

tres meses, su madre lo retiró de la escuela y decidió enseñarle en casa. Sabía que su hijo era inteligente y que solo necesitaba más atención.

3   Durante varios años, Edison aprendió con gusto en casa. Amaba leer todo tipo de libros. A los 12 años, empezó a hacer preguntas difíciles sobre ciencias a sus padres. Ellos no sabían las respuestas. Pero Edison no podía regresar a la escuela, pues tenía problemas graves de audición. Era completamente sordo de su oído izquierdo y un 80 por ciento del otro. Entonces, siguió aprendiendo por su propia cuenta. Su materia favorita era la nueva tecnología del momento: la electricidad.

El joven inventor

4   En su adolescencia, Edison colaboraba con el sustento de su familia. Repartía volantes y avisos que promovían el voto por Abraham Lincoln para presidente de Estados Unidos. También aprendió el oficio de enviar telegramas. Estos se transmitían por cables eléctricos como series de puntos y rayas, o pulsos cortos y largos. A los 15 años, Edison se trasladó a Boston, Massachusetts, para trabajar como telegrafista. Su trabajo era traducir los mensajes que llegaban a la oficina.

5   Al mismo tiempo que trabajaba en la oficina de telégrafos, Edison continuó con sus propios proyectos. Obtuvo su primera patente, una máquina eléctrica para votar. El único problema fue que esta máquina no se vendió. Decepcionado, Edison decidió que "nunca volvería a perder el tiempo inventando cosas que no se vendieran".

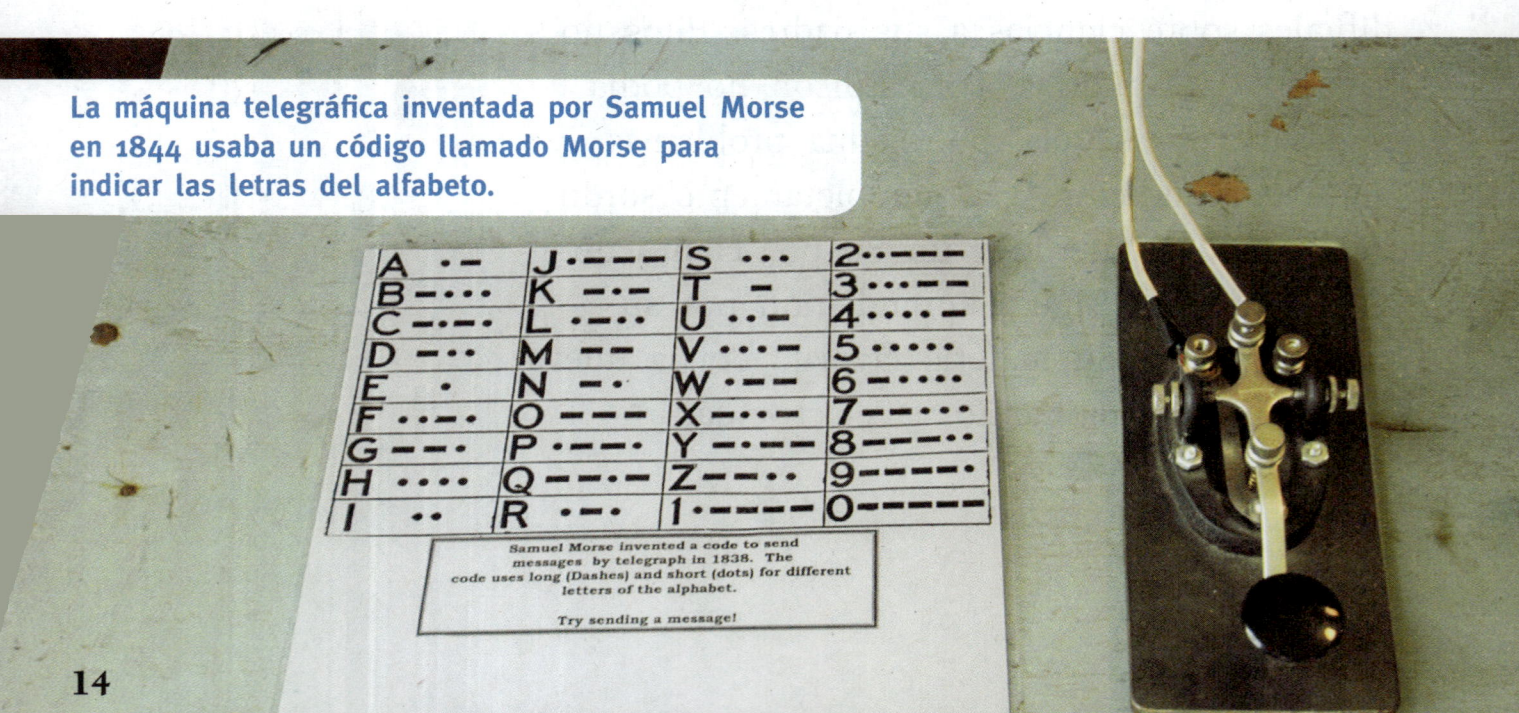

La máquina telegráfica inventada por Samuel Morse en 1844 usaba un código llamado Morse para indicar las letras del alfabeto.

Sobre la invención, Edison decía: "Averiguo lo que el mundo necesita y luego lo invento".

El laboratorio

6   En 1869, Edison se mudó a Nueva York. Dos años después, inventó la Universal Stock Printer (Impresora Universal de Cotizaciones de Bolsa). Esta máquina era una especie de *stock ticker* que enviaba datos de los más recientes precios de cotización de las acciones de compañías a través de cables telegráficos. Un dispositivo impresor, en el otro extremo, imprimía los precios en una larga cinta de papel. ¡La compañía de telégrafos le compró a Edison por $40,000 esta máquina mejorada! Este fue su primer invento exitoso.

7   Con el dinero obtenido por este y otros inventos, Edison abrió un laboratorio en Menlo Park, Nueva Jersey. Contrató científicos talentosos para que le ayudaran a desarrollar y ensayar nuevos inventos. "La inspiración puede hallarse en un montón de chatarra", decía. "A veces, con una gran imaginación, puedes juntarla e inventar algo".

Grandes inventos

8   En 1876, Edison asistió a la Exhibición del Centenario en Philadelphia, Pennsylvania. Ahí presentó uno de sus telégrafos automáticos, que enviaba mensajes a altas velocidades. También exhibió una pluma eléctrica con un pequeño motor, que tuvo mucho éxito y ganó varios premios por su innovador diseño y su utilidad. Durante el evento, Edison se inspiró en lo que veía y se le ocurrieron muchas ideas. Lo que más le interesó fue un dispositivo llamado "teléfono": el invento de Alexander Graham Bell que transmitía el sonido de la voz humana a través de cables. Esto se le grabó en la mente.

9   En 1877, Edison se dedicó a mejorar el teléfono de Bell. Logró que las voces sonaran más fuertes y claras a través de los cables telefónicos. "Cuando tomo un objeto en mis manos, solo pienso en mejorarlo", afirmaba. También desarrolló mejoras para sus telégrafos.

10   Como resultado, Edison creó un nuevo tipo de máquina sonora: el fonógrafo. Ideó una manera de grabar sonidos en un cilindro cubierto con papel de estaño. La máquina grababa el sonido con una aguja. Con otra aguja, se reproducían los sonidos. La vibración presionaba la aguja sobre el cilindro, según el mismo patrón.

11 Las primeras palabras pronunciadas por Edison en la máquina fueron de la canción infantil *María tenía un corderito*. La máquina las reprodujo.

12 Edison sabía que este invento era importante; previó cómo ayudaría a la gente a comunicarse. Se podrían grabar cartas en los cilindros en lugar de escribirlas en papel. Los libros podrían ser leídos en los cilindros y luego reproducirlos para los ciegos. Las familias podrían grabar las voces de sus niños. Muchas de estas ideas dieron lugar a nuevas herramientas de comunicación.

El fonógrafo fue solo uno de los muchos inventos importantes de Edison.

13   Edison fundó una compañía para vender fonógrafos y cilindros. Los clientes compraban cilindros con su música favorita. Más tarde, estos fueron reemplazados por platos de cera llamados "discos".

14   La fama de Edison creció. En 1878, Edison asistió a la Casa Blanca para presentar el fonógrafo ante el presidente Rutherford B. Hayes. Un reportero apodó a Edison como "el mago de Menlo Park".

El cartel de 7 pies de altura que presentó el fonógrafo de Edison decía: "¡Habla! ¡Canta! ¡Ríe! ¡Interpreta música de cornetas!".

15   Aun después de tantos inventos, a Edison no se le agotaban las ideas. Durante dos años, trabajó junto a otros científicos en su laboratorio para desarrollar una bombilla de luz que consumiera menos electricidad y durara más que otras bombillas. Ensayaron miles de ideas y de materiales. En 1879, produjeron una bombilla que alumbraba más de 14 horas. Hasta entonces, las bombillas típicas solo duraban unos pocos minutos.

16   Con el tiempo, Edison llegó a producir bombillas que brillaban más de 1,500 horas. Estas se parecían mucho a las actuales.

17   A los 83 años, Thomas Edison había recibido 1,093 patentes por sus inventos. Su trabajo mejoró las comunicaciones diarias. El inventor murió en 1931. En esa época, la mayoría de los hogares estadounidenses tenía bombillas eléctricas y fonógrafos.

Los inventos más populares de Edison

Invento	Para qué se utiliza
Impresora de cotizaciones	Mejora la transmisión telegráfica de la información del mercado de valores
Bombilla incandescente	Luz artificial
Fonógrafo	Reproducción de sonidos
Mimeógrafo	Realizar copias de documentos
Batería de almacenamiento	Recarga de baterías
Kinetoscopio	Dispositivo original para ver imágenes en movimiento
Bolígrafo eléctrico	Realizar copias de documentos
Cámara de cine	Grabar cine, imágenes en movimiento
Preservador de frutas	Mantener frutas frescas
Intercambiador eléctrico de vías de tren	Cambiar la dirección en la que viaja el tren

Lectura de estudio de palabras 2

Recuerda hacer tus anotaciones mientras lees.

Notas

Texto informativo: Estudios sociales

George Eastman y la cámara Kodak

1   En 1878, a los 24 años, George Eastman era empleado bancario en Rochester, Nueva York, y planeaba un viaje a una isla del Caribe. Sus colegas le pidieron que tomara fotos.

2   En esos días, tomar fotos no era fácil: las cámaras eran voluminosas y pesadas. Los fotógrafos debían vaciar químicos líquidos sobre placas de vidrio dentro de la cámara y, luego, colocar esta sobre un trípode para tomar la foto. Para revelar la imagen, tenían que trabajar con más químicos.

3   Eastman quería simplificar el proceso. Para ello, llevó a cabo experimentos en la cocina de su madre. En tres años, logró inventar una placa seca para sus cámaras.

4   Pero no se detuvo ahí; también quería inventar una cámara más pequeña y portátil, una que el público pudiera usar. Después reemplazaría las pesadas placas de vidrio por películas delgadas y livianas de uso más sencillo. En 1888, su nuevo invento estuvo listo y las primeras cámaras Kodak aparecieron en las tiendas.

5   La cámara Kodak se convirtió en uno de los inventos más populares de todos los tiempos. Eastman compartía las ganancias con sus trabajadores y donaba grandes sumas de dinero a diversos grupos. Como uno de los padres de la fotografía, ¡Eastman era el vivo retrato del éxito!

DesarrollaPiensaEscribe

Ampliar los conocimientos

Compara y contrasta a Alexander Graham Bell y Thomas Edison. Apoya tus ideas con detalles y ejemplos de los textos.

Alexander Graham Bell	Thomas Edison
Antecedentes	**Antecedentes**
Ética laboral	**Ética laboral**
Impacto	**Impacto**

Piensa

¿Cuál es el valor de innovar?

Con base en los textos de esta semana, anota otras ideas y preguntas que tengas sobre la pregunta esencial.

_____
_____
_____
_____
_____
_____

Escribir basándote en las fuentes

Texto informativo/explicativo

Con base en dos de las lecturas de esta unidad, escribe un ensayo corto que explique cómo se inventó el teléfono y cómo este nuevo dispositivo afectó la vida de las personas. Usa evidencia textual de ambas lecturas como base para tu explicación.

Lectura larga 2

Recuerda hacer tus anotaciones mientras lees.

Del fonógrafo a la lista de música

Ben Foster

"La música es el lenguaje universal de la humanidad".
—Henry Wadsworth Longfellow, poeta

1 A través de los tiempos, la música ha sido importante para la gente. A través de ella se pueden expresar los sentimientos, contar historias, levantar el ánimo, estimular. Antes, la gente tenía que asistir a conciertos para poder escucharla; la única forma de oírla era en presentaciones en vivo.

2 Hoy la tecnología permite a la gente reproducir y escuchar su música en cualquier lugar. Pueden hacerlo mientras conducen su automóvil, sentados en la playa o viajando en avión o en autobús. Los astronautas reproducen música y también crean la suya en el espacio.

3 El negocio de la música surgió gracias al invento del fonógrafo. Este sorprendente invento ha dado lugar a muchos otros. Ahora, la música forma parte de la vida de todos, en cualquier momento y en cualquier lugar.

El fonógrafo

4   La palabra fonógrafo significa "escribir sonidos" en griego. Es la palabra perfecta para describir cómo se hacían las primeras grabaciones. La primeras máquinas grababan sonidos sobre un cilindro con una aguja. La máquina "escribía" los sonidos. Después, estos podían ser reproducidos.

5   Edison inventó el fonógrafo en 1877, abriendo las puertas de un mundo nuevo para los amantes de la música. Orgulloso de su invento, lo mostró ante el personal de la revista *Scientific American* en Nueva York. Esta revista solía presentar nuevos inventos. En su número de diciembre, dijeron: "El Sr. Thomas A. Edison nos visitó, puso una pequeña máquina sobre nuestro escritorio y movió una manivela. La máquina nos preguntó por nuestra salud, si nos gustaba el fonógrafo, nos contó que ella estaba muy bien y nos deseó una feliz noche". Diarios y revistas informaron del suceso y el interés por este invento creció.

Fonógrafo de papel de estaño, original de Edison. Inventado en el otoño de 1877.

6   Thomas Edison creía que todos en Estados Unidos querrían adquirir su fonógrafo. Todos lo iban a comprar para poder escuchar música en sus hogares. Desafortunadamente, la hoja de estaño no duraba mucho y solo podía reproducirse unas pocas veces. Edison sabía que había que mejorar este invento, pero andaba ocupado tratando de inventar una mejor bombilla de luz. Mientras Edison trabajaba en la bombilla, inventores como Alexander G. Bell y Charles Sumner Tainter mejoraron el fonógrafo de Edison. Reemplazaron los cilindros de estaño por unos hechos de cera que ofrecían un sonido más claro.

7   Cuando Edison terminó su trabajo con la bombilla de luz, se propuso mejorar el fonógrafo. Primero, se cambió a los cilindros de cera. Usó una cera más gruesa, más dura. Esto permitió hacer más de 100 reproducciones sobre el cilindro. Después, Edison encontró la forma de producir muchos cilindros a la vez. Edison hizo un molde de un cilindro maestro. Luego, usó el molde para producir más de 100 cilindros diarios. Ahora se podían vender muchas grabaciones con la misma música. Los cilindros eran menos costosos y más personas podían comprarse uno.

El gramófono

8   Edison y otros inventores continuaron mejorando el cilindro de cera. A finales de la década de 1880, otro inventor, Emile Berliner, desarrolló un nuevo tipo de grabaciones. En lugar de cilindros, usó discos planos para grabar el sonido. Primero, el sonido se grabó en un disco de cera, que se usó para hacer una copia 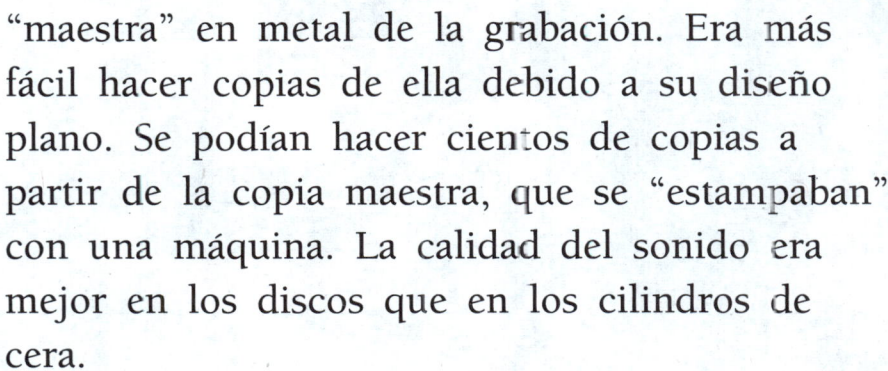 "maestra" en metal de la grabación. Era más fácil hacer copias de ella debido a su diseño plano. Se podían hacer cientos de copias a partir de la copia maestra, que se "estampaban" con una máquina. La calidad del sonido era mejor en los discos que en los cilindros de cera.

9   Los primeros discos se hicieron de caucho. Más tarde, se harían de vinilo. La gente hacía sonar sus discos en un nuevo dispositivo llamado gramófono. El cuerno del gramófono amplificaba el volumen del sonido. Fue desarrollado por Berliner y era similar al fonógrafo de Edison. Con tantas grabaciones disponibles, la gente compró gramófonos y fonógrafos para ponerlos a sonar. Todos podían ahora escuchar a una misma banda o cantante interpretar una misma música. Fue el comienzo del negocio de la música de hoy.

Maravillosos sonidos estéreo

10   Las primeras grabaciones en estéreo estuvieron disponibles unos 50 años después de la invención del disco plano. Con el estéreo, los sonidos se grabaron en dos pistas separadas. Una debía escucharse con el oído derecho; la otra, con el izquierdo. Esto hizo que las grabaciones sonaran con más riqueza y plenitud.

Las grabaciones de larga duración en vinilo se popularizaron entre 1950 y 1990. Hoy el vinilo está retornando.

El disco compacto reemplazó a los discos de vinilo cuando la música comenzó a ser grabada con tecnología digital.

Aparecen los casetes

11   En la década de 1970, se popularizó el uso de casetes pequeños y compactos. La cinta de casete grababa sonidos en una larga tira magnética. Los casetes pronto reemplazaron a los discos. En 1979, se popularizó un pequeño sistema de estéreo llamado Walkman®, de Sony. La gente podía llevarlo en el bolsillo junto con unos audífonos para escuchar su música favorita donde quisiera.

Discos compactos

12   El primer disco compacto, o CD, salió en 1982. Un CD es un pequeño disco plástico que guarda música y otra información digital. El reproductor de CD "lee" la información con luz láser. Los discos y los reproductores eran costosos inicialmente, pero tenían sus beneficios. Los discos eran pequeños y contenían más música que un disco de vinilo. Mejor aún, los CD producían un sonido casi perfecto. Pronto, los CD reemplazarían a los discos y a los casetes.

Un mundo digital

13   Desde la popularización de los computadores personales e Internet, la música se guarda en pequeños archivos. Tales archivos, como los mp3, permiten a la gente descargar rápidamente música por Internet. La gente puede guardar cientos de canciones en el computador. ¡Sin portar un disco ni otros dispositivos físicos! Pero a algunos no les gusta la calidad de las canciones mp3; les parece que los CD suenan mejor.

14   El iPod Apple, sacado al mercado en 2001, se convirtió en el reproductor de medios más popular. Para el otoño de 2010, se habían vendido casi 275 millones de iPods en todo el mundo. Luego, las ventas cayeron. La gente comenzó a usar los teléfonos inteligentes como reproductores de medios.

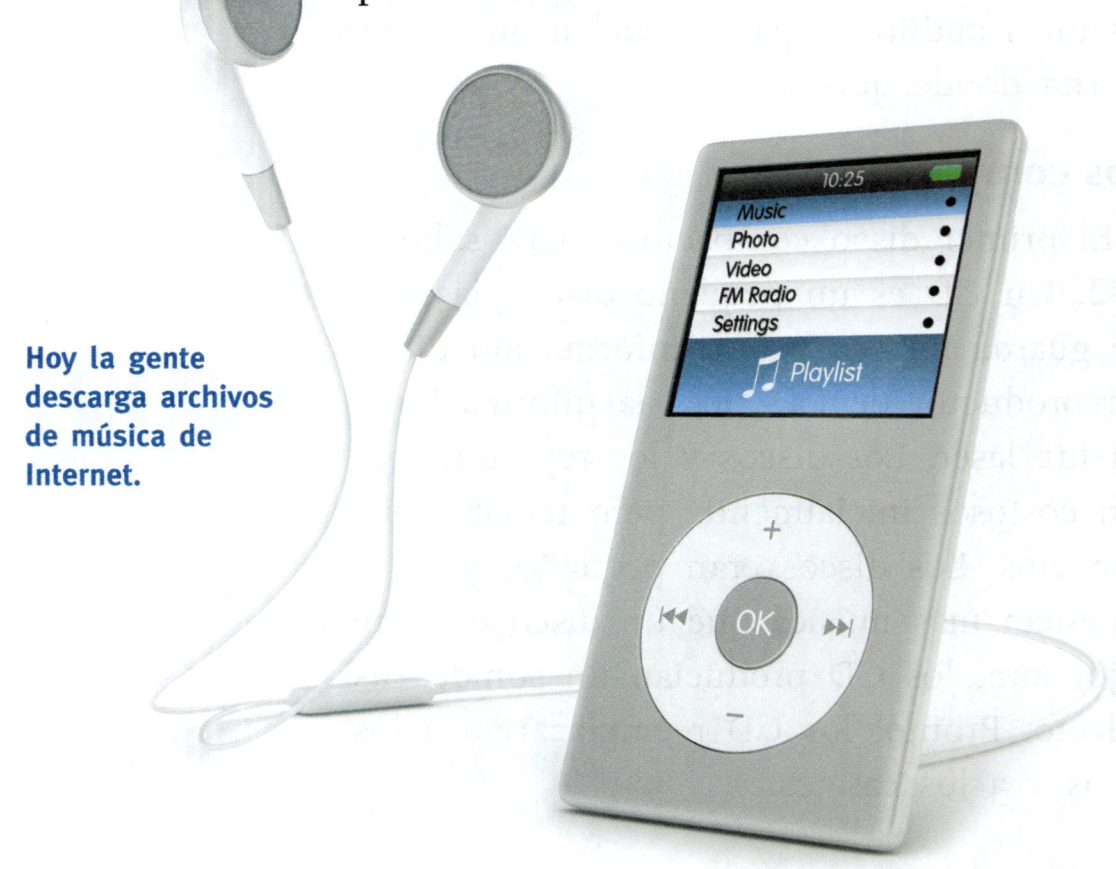

Hoy la gente descarga archivos de música de Internet.

Texto informativo: Estudios sociales

Listas de música en la nube

15   El escuchar música progresó más fácilmente que nunca. En segundos, la gente podía comprar música en almacenes virtuales. La música nunca se agotaba en los inventarios. La gente podía guardar la música en un sitio invisible de Internet llamado "la nube". La gente hacía esto sin salir de casa.

16   La tecnología de reproducción de música ha cambiado mucho desde la época del fonógrafo de Edison, aunque los nuevos dispositivos siguen haciendo básicamente lo mismo: ¡hacen sonar tu música favorita!

Historia de la música

	1877	Thomas Alva Edison inventa el fonógrafo.
Emile Berliner presenta los discos de cera.	1887	
	1930	Los discos se popularizan como medio para escuchar música.
	1956	Aparecen las grabaciones con sonido estéreo.
Los casetes compactos salen a la venta en EE.UU.	1963	
Los reproductores portátiles de casetes revolucionan cómo se escucha la música.	1979	
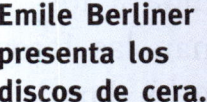	1982	Los discos compactos y los reproductores compiten con los discos de vinilo y los casetes.
	1999	Comienza la venta de reproductores de medios, y los archivos digitales de música pueden descargarse de Internet.

29

Lectura de estudio de palabras 3

Recuerda hacer tus anotaciones mientras lees.

Texto informativo: Estudios sociales

De las instantáneas a las autofotos

1   Actualmente, son muchos los que comparten fotos con los amigos o fotografían paisajes como pasatiempo. A algunos les gusta tomarlas con cámaras antiguas; otros confían en sus teléfonos celulares y dispositivos digitales.

2   Durante más de un siglo, la gente ha tomado fotos. Los primeros fotógrafos tenían que portar placas de vidrio y químicos junto a cámaras enormes. En 1888, George Eastman presentó su cámara Kodak, más pequeña y simple; esto cambió la opinión pública sobre la fotografía. ¡Eastman hizo que tomar instantáneas fuera tan fácil como oprimir un botón!

3   La gente debía recurrir a expertos para revelar sus fotos, que luego pegaban en álbumes; las familias se reunían y compartían recuerdos mirando las imágenes.

4   Hace tiempo dimos la bienvenida a los dispositivos digitales, que almacenan las fotos como archivos de computadora para que podamos enviarlas a los amigos y a la familia, o subirlas a la red. Algunos sitios tienen programas para crear galerías, y puedes agrupar fotos según categorías, tales como personas o lugares.

5   Algunas aplicaciones dan un sinfín de posibilidades para cambiar la apariencia de las fotos. Puedes dejar boquiabiertos a tus familiares haciendo que alguien pelirrojo parezca canoso o que una foto tomada a medianoche se vea como si fuera de día. ¡Hasta pueden parecer instantáneas antiguas o bajorrelieves! Muchas de las cámaras actuales incluyen una configuración para hacer autofotos (selfies), o autorretratos. ¡Hoy en día el sujeto es usualmente el mismo fotógrafo!

DesarrollaPiensaEscribe

Ampliar los conocimientos

Usa una tabla de causa/efecto para mostrar cómo los sucesos durante el desarrollo de la grabación de sonidos condujeron a nuevos adelantos. Se ha completado un ejemplo.

Causa	Efecto
1. Los cilindros envueltos en papel de aluminio solo podían usarse pocas veces.	Creación de cilindros de cera.
2.	
3.	

Piensa

¿Cuál es el valor de innovar?

Con base en los textos de esta semana, anota otras ideas y preguntas que tengas sobre la pregunta esencial.

_____
_____
_____
_____
_____

Escribir basándote en las fuentes

Opinión

Thomas Edison y Alexander Graham Bell fueron los creadores de muchos inventos. De todos los inventos sobre los que leíste en esta unidad, ¿cuál crees que ha sido el más útil para la vida de las personas? ¿Por qué? En un breve ensayo, expresa tu opinión y ofrece razones para apoyarla. Usa hechos y detalles de dos de las selecciones de la unidad para explicar tu punto de vista.

Desarrollo del idioma español

Pautas para la investigación / Utilizar hechos y detalles

▶ Luego de leer "Esto habla" y "Del teléfono a FaceTime", escribe un cuento sobre un joven cuyos padres traen a casa un nuevo invento llamado "teléfono". Repasa qué es un cuento. Narra los eventos desde el punto de vista del joven. La narrativa debe incluir datos y detalles de "Alexander Graham Bell: ¡Esto habla!" y "Del teléfono a FaceTime".

En la tabla que aparece a continuación escribe algunos detalles que necesites para tu cuento y, en la columna derecha, escribe por qué son importantes.

Detalle	Por qué es importante
invento asombroso	
hablar con electricidad	
viajar la voz	
difundieron rumores	

Cognados

teléfono	
invento	
electricidad	
rumor	

¿Qué otros derivados de la palabra *teléfono* conoces?

¿Son todos cognados?

Usar hechos y detalles del texto para apoyar tu narración. Encontrar y recopilar evidencia

Hechos y detalles del texto	Lo que uso para apoyar mi narración

Entre compañeros

- En la página _____ del texto dice que _____.
- Creo que es importante porque _____.
- Esta información apoya mi narración sobre _____.

Organizar un texto narrativo

Partes de un texto narrativo

Partes del cuento	Contenido
Personajes	
Escena	
Argumento	

Entre compañeros
- Mi personaje principal es _____.
- El lugar y tiempo en que se desarrolla el cuento son _____.
- El argumento del cuento es _____.

Palabras para la transición de ideas

Para señalar…	Usa palabras como estas…
Características de los personajes	inventor, científico, sordo, innovador, presidente, emperador
Características de la escena	Boston, Filadelfia, 1880, feria, casa, sala
Secuencia del argumento	antes, después, más tarde, al principio, durante, al final, entonces, cuando

Entre compañeros
- Voy a usar las palabras _____ para narrar _____ de la siguiente manera: _____.

Desarrollo del idioma español

Ampliar el vocabulario académico

Vocabulario académico

En una narración sobre inventos, siempre es importante usar algunas palabras que definen el tema de lo que se narra. Por ejemplo, si hablamos de inventos en las comunicaciones, la palabra "telégrafo" define toda una época.

Palabra	Definición - Ejemplo
patente	
telégrafo	
olas, ondas	
astronauta	
cilindro	
magnético/a	

Entre compañeros
- Uso la palabra _____ para hablar de _____.
- Por ejemplo, _____.

Usar la preposición "de" para indicar el posesivo

Une cada inventor con su invento en una oración (no están en celdas contiguas), utilizando la preposición "de".

Es el inventor de...		
Inventor	Invento	Oración
Alexander Graham Bell	gramófono	
Emile Berliner	fonógrafo	
Thomas A. Edison	teléfono	
Cyrus Field	bombilla	
Samuel Morse	cable transatlántico	
George Eastman	telégrafo	
Thomas A. Edison	cámara Kodak	

Entre compañeros

Construye otras 3 oraciones con la palabra "de" mostrando la relación de posesión.

Utilizar las normas del español

Completar cada oración con la palabra acentuada correctamente

Alexander Graham Bell fue el inventor del _____ (telefono).

La _____ (comunicacion) entre las personas es cada vez más fácil.

En la feria de Filadelfia, los visitantes _____ (sentian) curiosidad, duda y asombro al ver los inventos.

Bell no se detuvo, _____ (siguio) estudiando sobre el sonido y la voz.

Entre compañeros

Completa las oraciones con las palabras esdrújulas.

- Con el _____ la gente pudo escuchar música en sus casas.
- Todos esos inventos fueron _____.
- Hoy en día para las comunicaciones se usan _____.

Banco de palabras

satélites

fonógrafo

fantásticos

¡Tu turno!

En esta conversación imaginaria entre A. G. Bell, T. A. Edison, el emperador Pedro II y el Presidente Hayes, inserta las rayas para indicar diálogo en el lugar que corresponda.

Esto habla exclamó el emperador de Brasil Pedro II y soltó el teléfono. Es un invento mío, dijo Bell, Algún día, la persona al teléfono podrá ver a la persona con la que habla. El Presidente Hayes reflexionó en voz alta Es un invento asombroso, pero ¿quién querría usarlo? ¿Qué se dice al responder una llamada? preguntó Edison, que pasaba por allí. Ahoy me parece una buena palabra respondió Bell. Edison lo pensó un rato y dijo: Me parece mejor aló. Y aló ya era lo que más se usaba al levantar el tubo en 1880.

Apoyo para la conversación colaborativa

Pautas de conversación

Comparte una nueva idea u opinión...
Creo que _____.

Noto que _____.

Mi opinión es _____.

Un suceso importante fue cuando _____.

Toma la palabra...
Me gustaría añadir _____.

Disculpa por interrumpir, pero _____.

Eso me hace pensar que _____.

Amplía la idea u opinión de un compañero...
También creo que _____.

Además, _____.

Otra idea es _____.

Expresa acuerdo con la idea de un compañero...
Estoy de acuerdo con [Nombre] porque _____.

Estoy de acuerdo en que _____.

Pienso que es importante porque _____.

Expresa desacuerdo mostrando respeto...
No estoy de acuerdo con [Nombre] porque _____.

Entiendo tu punto de vista, pero creo que _____.

¿Tuviste en cuenta que _____?

Haz una pregunta aclaratoria...
¿Qué quisiste decir cuando dijiste _____?

¿Estás diciendo que _____?

¿Puedes explicar qué quieres decir con _____?

Aclara para los demás...
Quise decir que _____.

Estoy tratando de decir que _____.

Roles del grupo

Director de debate:
Tu rol es guiar la conversación del grupo y estar seguro de que todos tienen la oportunidad de participar.

Redactor:
Tu trabajo es anotar las ideas y comentarios que comparten los miembros del grupo.

Moderador:
Controlarás el tiempo que ha pasado y ayudarás a tus compañeros a seguir con el debate.

Animador:
Tu rol es motivar y apoyar a los miembros de tu grupo.

Qué significa cada palabra

Palabra	Mi definición	Mi oración
amplificaba (p. 26)		
popularización (p. 28)		
dispositivo (p. 15)		
distancias (p. 10)		
fundó (p. 5)		
innovador (p. 16)		
recibido (p. 19)		
revolucionario (p. 5)		
creció (p. 23)		
tecnología (p. 6)		

Ampliar los conocimientos a través de 10 temas relacionados

Gobierno y ciudadanía

Personajes
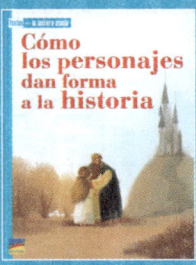

Biociencias

Puntos de vista
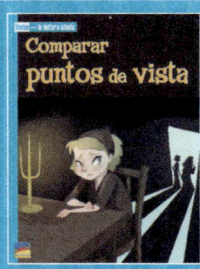

Tecnología y sociedad
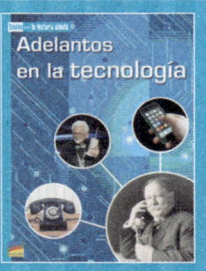

Temas
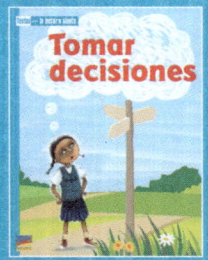

Historia y cultura

Ciencias de la Tierra
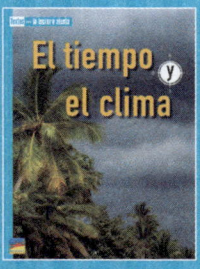

Economía

Ciencias físicas

Grado 3 • Unidad 5
ISBN: 978-1-5021-6778-1